VENTE

DU LUNDI 5 MAI 1902, A DEUX HEURES

HOTEL DROUOT, SALLE N° 11

BELLES

GRAVURES ANCIENNES

PASTELS DU XVIIIme SIÈCLE

TABLEAUX

OBJETS D'ART

DE VITRINE

ET

D'AMEUBLEMENT

Mᵉ René LYON	M. Artuhr BLOCHE
COMMISSAIRE-PRISEUR	EXPERT PRÈS DE LA COUR-D'APPEL
29, Rue Le Peletier	*28, Rue de Châteaudun*

EXPOSITION PUBLIQUE

Le Dimanche 4 Mai 1902

DE 2 HEURES A 5 HEURES 1/2

CONDITIONS DE LA VENTE

Elle sera faite au comptant.

Les acquéreurs paieront *dix pour cent* en sus du prix d'adjudication.

L'exposition permettant au public de se rendre compte de la nature et de l'état des objets, il ne sera admis aucune réclamation une fois l'adjudication prononcée.

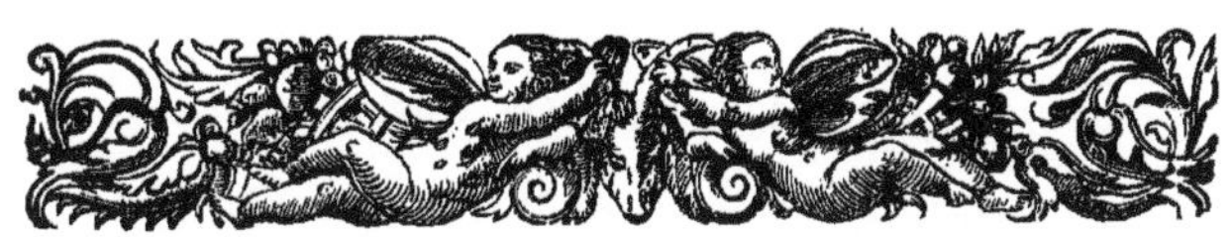

DÉSIGNATION

GRAVURES, TABLEAUX

PASTELS

ARLET (J.)

1 — *Sur la plage.*

2 — *Le Foot-Ball.*

3 — *Pêcheuses sur la grève.*

4 — *Le Retour de la pêche.*

Quatre tableaux.

BIGG (W.-R.)
Gravé par WARD.

5 — *Le Matin devenu calme.*

Gravure en couleur.

6 — *Les Enfants orphelins d'un matelot.*

Gravure en noir.

BOUCHER (attribué à)

7-8 — *Portraits de quatre petites filles.*

Quatre pastels ovales.

CARÊME (d'après)

9 — *Lorezzo reçoit la visite de son frère.*

10 — *Les frères de Lorezzo lui rendent les titres et les biens.*

Deux gravures en couleur.

CHASSELAS

Gravé par NOELL

11 — *Scènes de la vie de Guillaume Tell.*

Quatre gravures en couleur.

FERRONI

12 — *La Femme à la Mandoline.*

13 — *Judith.*

HAMILTON

Gravé par JOHN OGBORNE

14 — *Magnanimité de Marie reine d'Ecosse.*

15 — *La Résignation de Lady Jane Gray.*

Deux gravures anglaises en couleur.

HUCK (Gérard)

Gravé par Green Mezzolins

16 — *Articles d'Union présentés par les Commissaires à la reine Anne.*

Gravure en noir.

JEAURAT

Gravé par Duflos

17 — *Enlèvement de police.*

18 — *Déménagement d'un peintre.*

LAMBERT

Gravé par Duthé

19 — *Paul et Virginie.*

Quatre gravures en couleur encadrées.

Gravé par Augustin Le Grand

20 — *Scènes de la vie de Guillaume Tell.*

Deux gravures en couleurs.

MALLET

Gravé par Alix

21 — *Le Petit redresseur de quilles.*

MANSFELD (Josef)

22-23 — *Natures mortes.*

Deux tableaux se faisant pendant, signés et datés 1884.

MASSART

Gravé par Duthet

24 — *Scènes de la vie de Mademoiselle de la Vallière.*

Quatre gravures en couleur.

MORLAND

Gravé par Kealmy

25 — *Prepanning a recrut.*

25 — *Recrut deserled.*

Deux gravures anglaises en couleur.

NORTHCOTE

Gravé par Gaugain et Hellger

27 — *Diligence et Dissipation.*

Suite de six gravures anglaises en noir.

RAPHAEL SANZIO (d'après)

28 — *La Nativité.*

ROGER
Gravé par Rush

29 — *La Libéralité.*

30 — *L'Egoïsme.*

Deux gravures en couleur.

SCHALL
Gravé par Alix

31 — *Le Télégraphe d'amour.*

SCHALL
Gravé par Descourtis

32 — *Paul et Virginie.*

Suite de cinq gravures en couleur.

SINGLETON (H.)
Gravé par Darcis

33 — *Extravagance and Dissipation.*

34 — *The Effects of Extravagance el Idleness.*

Deux gravures en couleur.

SINGLETON (H.)
Gravé par Whessell

35 — *Peare.*

Gravure anglaise en couleur.

SMIRKE (Robert)

Gravé par Robert Thew

36 — *Conjugal affection.*

Gravure anglaise en couleur.

VESTALI.

37 — *Les Glaneuses.*

Gravure par Bonnefoy.

38 — *La Séparation douloureuse.*

Gravure par Cardon.

WARD

39 — *L'Enfant récompensé.*

40 — *L'Enfant tenté.*

Deux gravures anglaises en couleur.

WEST (Benjamin)

Gravé par John Hall

41 — *Vénus et Adonis.*

Gravure anglaise en noir.

WESTALL

Gravé par Reynolds

42 — *The Holy Family.*

Grande gravure anglaise en couleur.

ÉCOLE ANGLAISE

43 — *Portrait de jeune fille dans un paysage.*

Pastel.

ÉCOLE DU XVIIIe SIÈCLE

44 — *La Petite fille au lapereau.*

45 — *La Petite fille au mouton.*

46 — *Portrait de Dame à haute coiffure assise dans un fauteuil et se livrant à des travaux de couture.*

47 — *Portrait de Marie-Antoinette dauphine.*

48 — *La Femme au portrait.*

49 — *Portrait de Rosa Kolonwat.*

Représentée en costume bleu et blanc et tenant une corbeille de fleurs.

50 — *Portrait d'une chanoinesse.*

51 — *Portrait de Dame en costume rose décolleté.*

Pastels.

ÉCOLE DU Ier EMPIRE

52 — *Portrait de la princesse Brayalion née comtesse Catharine de Stawronsky.*

Représentée en robe bleue décolletée avec un châle bleu.

Cadre en bois sculpté et doré.

ÉCOLES DIVERSES

53 — Gravure en couleur : *La visite de la bonne mère à son enfant chez la nourrice.*

54 — Gravure en noir : *Jacques Ier avant son exécution.*

55 — Suite de quatre gravures en couleur : *Scènes de l'Enfant prodigue.*

56 — Deux gravures allemandes en couleur : *L'Arrestation de Louis XVI.*

57 — Suite de dix-neuf gravures anglaises en couleur.

58 — Suite de quatre gravures en couleur tirées du *corsaire* de LORD BYRON.

59 — Suite de six gravures en couleur : *L'Enfant prodigue.*

Série complète.

60 — Suite de vingt-huit petites gravures en couleur renfermée dans deux cadres et représentant tous les ordres de chevalerie.

OBJETS D'ART

61 — Statuette en bronze : femme couchée, portant la signature : « Emphaine ».

62 — Buste en bronze de la reine Marie-Antoinette.

63 — Statuette d'Henri IV enfant, édition de BARBEDIENNE.

64 — Jolie pendule, époque Louis XVI, en marbre blanc, ornée de plaques de wedgwood.

65 — Pendule Empire en marbre jaune, sujet en bronze.

66 — Deux appliques à trois lumières. Epoque Louis XV.

67 — Deux appliques à deux lumières. Epoque Louis XVI

68 — Lot de bronzes d'ameublement (à diviser).

69 — Belle suspension de salle à manger en cuivre poli.

70 — Statuette en marbre : la Poésie, signé Tellé

71 — Statuette en marbre : l'Esclave, signé Caussé.

72 — Garniture de cheminée en marbre noir composé de deux candélabres et d'une pendule surmontée d'un groupe en composition.

73 — Paire de candélabres en bronze à figures de femmes sur socles en marbre. Style Ier Empire.

74 — Statuette en bronze : Baigneuse.

75 — Deux statuettes en bronze : Enfants musiciens.

76 — Vase en faïence de Sèvres, décor en grisaille sur fond bleu.

77 — Paire de vases Louis XVI en porcelaine, montures en bronze.

78 — Deux flambeaux formés par des statuettes d'enfants en bronze.

79 — Bas-relief en bronze d'après CLODION.

OBJETS DE VITRINE

MINIATURES, PORCELAINES

80 — Grande miniature : portrait de dame en costume bleu décolleté.

81 — Miniature ovale sur ivoire : portrait de Mme Dugazon.

82 — Deux miniatures rectangulaires attribuées à CHARLIER : Nymphe et Bacchus, Nymphes et Amours.

83 — Grande miniature : la reine Marie-Antoinette.

84 — Miniature ronde : portrait d'une dame de la Cour, représentée en costume de velours bleu et coiffée d'un grand chapeau à plumes.

85 — Petite miniature ovale attribuée à Dumont : portrait d'un gentilhomme en costume rouge.

86 — Petite miniature ovale : portrait d'homme en costume bleu.

87 — Miniature ovale attribuée à Hall : portrait de femme en corsage rose décolleté rayé noir.

88 — Miniature ronde : portrait de grande dame en costume violet, décolletée et parée de perles. Cadre en bronze ciselé et doré sur fond de peluche.

89 — Miniature ronde : portrait de femme de la Révolution en corsage bleu, les cheveux tombant sur les épaules. Cadre en argent sur fond de peluche.

90 — Sept petites miniatures ovales dans un cadre en peluche rouge : portraits de Louis XVI et de sa famille.

91 — Miniature ovale : portrait de femme en corsage bleu avec ruban rose dans les cheveux.

92 — Miniature ovale sur ivoire : portrait de femme coiffée à la Lamballe.

93 — Deux plaques encadrées en ancienne porcelaine de Saxe, dessus de coffrets, et représentant l'une l'intérieur d'une prison, et l'autre des musiciens ambulants.

94 — Petite pendule style Louis XV en argent ornée de plaques en émail à sujets mythologiques.

95 — Deux petits flacons en porcelaine de Saxe, formés par un groupe d'enfants représentant la cueillette.

96 — Deux petits flacons en porcelaine de Saxe, formés par une figurine d'homme et de femme portant un chien.

97 — Six flacons en porcelaine de Saxe, formés par des figurines de chasseurs et de chasseresses.

98 — Petit flacon en blanc de Chelsea, formé par un groupe d'enfants jouant au pied d'une vigne.

99 — Petite boîte à poudre forme hotte en porcelaine de Saxe, fond blanc à bouquets de fleurs.

100 — Deux boîtes à poudre en porcelaine de Saxe, têtes de chien et de chats.

101 — Deux drageoirs en porcelaine de Saxe rehaussée d'or, décorées de médaillons à paysages, marines et scènes galantes.

102 — Petit tête-à-tête d'enfant composé de six pièces en porcelaine de Dresde à fleurs et rehauts d'or, médaillons et marines.

103 — Tête-à-tête en porcelaine de Vienne à bordure dorée, décor de médaillons à scènes allégoriques.

104 — Eventail en ivoire feuille ornée d'une peinture.

105 — Cachet en ivoire, buste de Voltaire.

106 — Eventail ancien, monture en ivoire finement sculpté.

107 — Flacon de toilette monture argent.

108 — Deux porte-bouquets en argent style Louis XVI.

109 — Petite potiche en cloisonné du Japon, monture bronze.

110 — Deux petites jardinières en cloisonné du Japon, monture bronze.

111 — Groupe en porcelaine gros bleu de Chine, personnage sur un éléphant.

112 — Tête-à-tête en porcelaine de Sèvres ? composée de deux tasses et leurs soucoupes, une théière, un sucrier, un pot à crème et leur plateau, dans un écrin.

113 — Deux vases en porcelaine à décor rose, monture en bronze doré.

114 — Glace psyché, cadre en faïence italienne.

115 — Autre psyché en bois noir avec ornements de cuivre.

116 — Deux vases en faïence de Delft, décor bleu.

117 — Brûle-parfums en bronze du Japon.

118 — Petite vitrine en cuir de Russie, ornée de deux glaces biseautées. Travail viennois.

119 — Deux miniatures sur ivoire, cadres dorés.

120 — Coupe ornée de figures en biscuit, style Empire.

121 — Deux épées de la Garde Impériale.

122-125 — Lot de faïences anciennes (à diviser).

126 — Paire de vases de Chine, décor à personnages.

127 — Suite de boîtes en émail peint de la Chine, décor à figures.

128 — Jardinière de Chine en émail cloisonné.

129 — Deux potiches avec couvercle de Chine, décor bleu sur blanc.

MEUBLES ANCIENS
ET DE STYLE

130 — Secrétaire Louis XVI.

131 — Table bouillotte bois de rose.

132 — Table bouillotte en acajou.

133 — Coffre époque Renaissance.

134 — Table de tric-trac (complète).

135 — Meuble à hauteur d'appui à une porte.

136 — Commode en palissandre ornée de de bronze.

137 — Meuble formant bureau en marqueterie hollandaise. Epoque Louis XV.

138 — Table Empire ornée de plaques en porcelaine décorée sujets de batailles.

139 — Table à jeu Empire en acajou ornée de bronzes.

140 — Commode Empire en citronnier.

141 — Belle table de bureau en bois marqueté garnie de cuivres. Style Louis XV.

142 — Petite table ronde style Louis XVI en marqueterie de bois.

143 — Deux chaises en noyer sculpté. Epoque Louis XIV.

144 — Fauteuil en noyer. Style Louis XIV.

145 — Petit meuble à trois tiroirs en marqueterie de bois et cuivre. Style Louis XVI.

146 — Petite commode en marqueterie de bois ornée de bronzes.

147 — Console bois doré. Style Louis XVI.

148 — Petit guéridon rond en acajou et bronzes. Style Empire.

149 — Belle crédence. Style Renaissance.

150 — Bureau à dos d'âne.

151 — Chaise-longue en trois parties. Style Louis XVI.

152 — Meuble de salon de cinq pièces, bois sculpté et doré, couverture soierie brochée fond crème, style Louis XVI.

153 — Deux grands tapis fond rouge.

154 — Lot de tentures murales.

155 — Grand fauteuil confortable en panne.

156 — Piano de SYSTERMANS jeune.

157 — Rideaux en cretonne, style Louis XVI, avec tringle dorée.

158 — Ameublement de salle à manger en noyer sculpté composé d'un buffet ouvrant à cinq portes, d'une table à trois rallonges, de six chaises à dessus de cuir, style Renaissance, glace biseautée avec cadre en noyer, style Henri II.

159 — Ameublement de chambre à coucher en bois noir, de style Louis XV, composé d'une armoire à glace biseautée, d'un lit de milieu et d'une table de nuit.

160 — Salon en bois laqué blanc garni en velours Liberty composé de cinq pièces.

161 — Ameublement de salon en noyer sculpté, couvert en soierie composé d'un canapé, deux fauteuils et deux chaises.

162 — Guéridon en acajou garni de cuivre,

163-165 — Trois glaces de formes variées.

166 — Toilette à réservoir en bambou, dessus en marbre blanc.

167 — Glace de lavabo.

168 — Deux petites glaces d'entre-d'eux, cadres dorés, style Louis XVI.

169 — Dessus de porte ancien en bois sculpté.

170 — Dessus de porte, peinture, amours genre BOUCHER.

171 — Glace trumeau Ier Empire.

172 — Glace encadrée de style Louis XVI.

173 — Glace encanrée de style Louis XV.

174 — Glace Louis XV cadre orné de peintures.

175 — Objets omis.

www.ingramcontent.com/pod-product-compliance
Ingram Content Group UK Ltd.
Pitfield, Milton Keynes, MK11 3LW, UK
UKHW020540180726
13839UKWH00006B/2626